appunti di viaggio

Diego Bianco

CAMBOGIA
VIETNAM
2mila13

mondolando 2013

21 febbraio 2013
Ho Chi Minh

Saigon. Verso sera. Un fervido caos ci ruota intorno.

"Se non suoni il clacson qui non sei nessuno" butta lì Flora con un tenue tono cronistico. Già. L'esserci … nel traffico, nelle pianure, nelle enormi città che diventano ambienti di evoluzione. Perché la prima impressione, che si conferma poi senza tante remore, è che questa città è un bailamme di forme vecchie e nuove accatastate come la necessità comanda, di luci più o meno fucsia e comunque tassativamente al neon e di sciami, che paiono una massa unica, di motorini e motorette che riempiono ogni spazio stradale e non (ma sono marciapiedi o vie di fuga?) con un movimento che non trova requie. Non comprendi come mai, ma Saigon sembra più grande di quello che immaginavi e scopri che in realtà è più vasta di quello che ti sembra.

"Pham Ngu Lao?" chiedo io a Flora a conferma di dove dobbiamo dirigerci.

"Eh, si. Dovrebbe essere lì!"

Dovrebbe. Il verbo più usato dai chi viaggia, la transitorietà del dubbio fatta parole che crea quel pizzicore tra lo stomaco e le percezioni.

"Come eh si?" chiedo io immaginandomi già nel vagare per strade e vicoli tra vapori orientali e piccoli chioschi quasi intimi che sfornano prelibatezze da strada. Ehi, non suona così male. Ma come ogni volta che Flora ha preso in mano la situazione arriviamo all'albergo. Si può dire che si tratta di una città a pinnacoli. Cioè? Che si percepisce subito che lo spazio ha un valore intrinseco enorme. Praticamente ogni edificio, salvo quelli storici, sono una verticale, delle colonne che si distribuiscono in altezza e crescono in una competizione che ha del boschivo. Ma competizione a parte evadiamo le formalità del passaporto e ci indicano la strada per andare in camera nostra. Passiamo una porta e ci troviamo sulla strada. Un vecchio e un bambino ci guardano straniti. Forse li abbiamo disturbati mentre mangiavano sul marciapiede. Ma la camera dov'è? Il bambino pare comprendere la nostra espressione vuota o forse la nostra espressione che urla “bagno!” e va a chiamare qualcuno che ci possa aiutare. Arriva un tizio, cerimonioso tra l’altro, che ci indica candidamente che alle nostre spalle (sulla strada) c’è un ascensore. Già, che sbadati! Quindi la reception non era uno star gate. Arriviamo nella nostra camera, da ben ventiquattro euro a notte, quasi di design si potrebbe dire e al nono piano in pieno centro. Non che il nono piano sia indice di lusso dal momento che è quasi lo standard. Lo skyline notturno è proprio quello delle metropoli orientali e la massa di caldo umido balla languida tra i profumi e gli odori di una cucina praticamente a cielo aperto.

“Ah … Saigon” esclama Flora concentrando in quello che sembra quasi un sussurro la potenza di arrivare in un luogo lontano.

"Ah … ho la febbre" dico io un tantino più spicciolo.

Il terrore per cosa può voler dire un maschio con la febbre lontano da casa (a Saigon!) si stampa sul volto di Flora. Che però ha tutto il necessario. Compresa una buona dose di pazienza.

Sperimento la doccia quasi di design e ci prendiamo il tè caldo seduti sui letti quasi di design. E scostate le tende continuiamo ad assaporare quel senso umano che si può tradurre più o meno nell'espressione "Ma siamo davvero a Saigon?"

"E' la città di The Quiet American" commenta Flora mentre osserviamo il pesante cielo notturno della città.

"? … vero" dico io mentre la osservo. L'umidità quasi umana che entra dalla finestra è catartica. E' conciliante pensare che il nostro mondo è fatto dagli uomini e che gli uomini siano fatti dal loro mondo. Un ricircolo che si nutre.

Andiamo a dormire. Flora è uscita da sola per Saigon (va beh, poche decine di metri) per informarsi sul viaggio verso la Cambogia e la partenza dovrebbe essere al mattino presto. Dovrebbe.

22 febbraio 2013
Viaggio verso la Cambogia

La colazione è da fare presto perché alle sette e mezza dobbiamo partire. Scendiamo sotto alla reception.

"Per la colazione?" chiediamo. E dove vuoi che sia … al decimo piano, ci dicono. Quindi di nuovo star gate, ascensore e colazione. Una bella scelta di cibo fritto e cotto ci coglie impreparati e decliniamo su frutta, pane e banane. Abbiamo poco tempo. Usciamo dall'albergo … un uomo in bicicletta ci passa davanti sul marciapiede tenendo con un mano un vassoio con una ciotola di zuppa. Raggiungiamo il marciapiede nei pressi dell'agenzia dove acquistiamo i biglietti per il pullman. "Dov'è il pullman?" Che domande. Basta seguire il ragazzino che ci indicano, tra l'altro esperto di slalom da bordo strada. Mentre passiamo vicini a vietnamiti, viaggiatori zaino in spalla e zaffate di cibo speziato ci chiediamo se per caso i pullman non siano quelli là lontani e sgangherati.

"No, tranquillo!" dice Flora "sono di prima classe.

E infatti sono proprio quelli là. I tizi che ci accolgono ci fanno salire in fretta. Mi pare per un attimo di essere un clandestino che trova lavoro per un giorno nella raccolta dei pomodori e si affida ai trafficoni del caso. Saliamo sopra. Qualche autoctono è già a bordo, volti scuri, una lingua che non lascia dubbi … non capiamo davvero una fava. Meglio così, se devo diventare ingrediente di brodo non voglio saperlo. Oh, anche altri tre o quattro occidentali salgono. Non sappiamo se tranquillizzarci. E se fossero senza sale in zucca anche loro? Ma diamine! E' così che si viaggia. Ci sono i vetri rotti oltre ai sedili rotti … beh, è un pullman vecchio … a parte il fatto che mi viene in mente di aver letto che lanciano i sassi sui pullman dove ci sono i viaggiatori. Allora è vero … pazienza. Ci chiedono i soldi e di compilare dei fogli che serviranno alla frontiera, uno dei pochi punti del confine dove si può entrare in Cambogia dal Vietnam. La questione dei visti è quanto meno interessante. Bisogna inoltrare richiesta da un'agenzia italiana che contatta il consolato del Vietnam che ti invia tramite altra agenzia una specie di invito che è da validare al tuo arrivo e che ti permette di entrare e uscire dallo stato … dalla repubblica socialista, pardon. Per la Cambogia dovrebbe essere più semplice. Ma bando ai dettagli. Partiamo e usciamo dalla città. Sembra veloce … sembra. Uscire dalla città vuol dire quasi due ore di pullman. E' come chiedere ad un elefante di attraversare un archivio trafficato da un indescrivibile numero di topolini agitati. Ma il percorso ci incuriosisce. Una raffazzonatura di palazzi, strade, statue, pagode, chiese, attività, negozi che non capisci come si chiudono alla sera finché non ti rendi conto che non chiudono nemmeno alla sera, marciapiedi invasi da bancarelle che danno da mangiare zuppe, brodi e minestre in ciotole ad un popolo, appiedato o motorizzato che sia. Non abbiamo fatto due chilometri che ti chiedi già se la mente può contenere così tante e complesse sensazioni. Può … può … si pensi che la mia riesce a contenere tutte le sfumature del carattere di Flora. Man mano vediamo sfumare la città nei suoi distretti, dal centro ai quartieri più esterni, da questi alla periferia, dalla periferia alle frange estese di una metropoli che deve diventare campagna e che incontra una campagna che tende a trasformarsi in città in quella acquisizione di positivi e negativi a cui occorre far fronte così come un matrimonio mescola i punti di contatto di famiglie diverse. La strada si allunga verso il confine, è grosso modo una stradina provinciale, scassata e irregolare, ondulata, ballonzolante, ma viva, gravida di una vita esterna che partorisce ogni minuto una sussistenza più che un'esistenza vera e propria. Capanne, casupole e case si susseguono irregolarmente. Di tanto in tanto una costruzione un po' più "casa" che si incastra nel paesaggio come un anello prezioso nella polvere. Ti viene subito da pensare che potrebbe essere la dimora di qualcuno che ha avuto più occasioni di emancipazione, dei ruoli sociali di rilevanza, forse un ragioniere, un politico, magari un tecnico o un impiegato. Magari non è la casa di uno di quelli che percorrono la strada con motorini o carrette carichi di scatole dal misterioso contenuto, verdure, contenitori di plastica, lattine vuote o galline in gabbia. La vegetazione è bassa, tropicale si, ma arsa da un paese che fa la sua fatica. Dormicchiamo, leggiamo, ci chiediamo (più io) perché non siamo andati a Londra e senza parlarci ci rispondiamo che abbiamo preferito al momento due paesi come tanti dove il succo delle cose è ancora al centro di un'attenzione obbligata. Sobbalziamo ad ogni scossone del pullman e ci addormentiamo a tratti brevi più per intontimento che per reale sonno. E poi abbiamo scelto il pullman proprio per osservare, sentire e odorare la strada.

Arriviamo al confine. Mi immaginavo la frontiera come un piccolo sentiero nella giungla con militari armati a lanciare ordini a caso e decidere ad libitum del tuo passaggio o meno. In realtà non è così … è forse più surreale. Dapprima passiamo la dogana vietnamita, severi soldati dall'aria fermentata ci controllano i documenti una volta che il ragazzo del pullman ci ha preso i passaporti e li ha portati dentro in una pagoda militare. Ci fanno scendere, ci scrutano, qualcuno di loro dormicchia su delle sedie davanti a muri scrostati. Qualcuno mangia. Passiamo attraverso alcuni sportelli. Poi di nuovo sul pullman e di nuovo giù dopo poche decine di metri. E' l'ora dei controlli cambogiani. Di nuovo raduno dei passaporti e la loro consegna al ragazzo che ci chiede di attendere vicino a dei tavolini su delle sedie. Sarà tutta una procedura consueta, ma l'idea che un bambino in ciabatte abbia l'unico lasciapassare di una quindicina di persone in consegna ti fa grattare la testa. Ok, è ora di passare ai controlli, fotografia del volto, scanner delle dita delle due mani, scrutamento dei pensieri più sordidi di ognuno di noi, avranno fatto un corso di lettura delle menti o forse, con quell'espressione dura, si prendono una delle poche soddisfazioni che li rinfrancano dall'avere davanti della gente che va a zonzo per il mondo a nutrire la propria anima, quando probabilmente la maggior parte di loro fa fatica a nutrire il corpo. Passiamo un altro controllo, un tavolo con militare e alcuni nullafacenti che dopo che tu hai palesato la disponibilità a essere interrogato sulla tua integrità d'animo con un atteggiamento cordiale e remissivo ti fanno un gesto con la mano quasi dire “ma vai, vah”. Dopo quello ancora un rapido controllo dei visti. Si può ripartire, il ragazzo ci restituisce i passaporti e non sono di Topolino. Siamo in Cambogia. Attraversiamo campagne che danno più o meno la sensazione si di tropicale, ma usata, non nel senso consumato del termine, ma nel senso di vissuto. Le capanne che si incontrano a bordo strada e quelle più in là, in mezzo ai campi sono l’ovvio sviluppo di quella cultura campestre casuale (almeno a noi pare, ma sicuramente c’è criterio così come nel caos) che si riproduce vicino a tutto ciò che è connessione … un fiume, una strada. Il cielo è nuvolo e da una nota al tutto di un non so che di mesto.

Nel bel mezzo del pomeriggio arriviamo a Phnom Penh, capitale della Cambogia, e scopriamo che il pullman non è diretto, ma bisogna cambiare con una sosta di due ore. Non ce lo aspettavamo, la stanchezza è così grande che potrebbero chiederci il prezzo per un altro posto sul pullman. L'impatto con l'urbanità cambogiana è curiosa. Concubinaggio di case dalle architetture che stanno tra il fatto come mi viene e l'indispensabile, tra il colonico sfumato e il pratico. La città è adagiata vicino a due fiumi che la sfiorano come amanti platonici. E' aperta, ariosa, è la versione dilatata di un quartiere di vicoli.

Scesi dal pullman con gli altri viaggiatori veniamo sistemati sotto una tenda e in maniera grossolana ci fanno i biglietti per la prossima tappa. Nel frattempo ci divincoliamo da un nugolo di Tuc Tuc (motorette con carretto coperto e sedili per spostarsi velocemente nel traffico) e scappiamo dall'altra parte della strada, sul lungo fiume.

"Dove siamo? Che posto è?" chiedo io mentre mi accorgo che nel fiume alcuni pescano (uno in realtà sta facendo pipì) e due ragazzi, con un livello senza concorrenza di trasandatezza e con un copertone in braccio ci dicono qualcosa nella loro lingua. A quelle parole sorrido provocando una reazione divertita perché ovviamente avrò sorriso a qualche stupidata. Va beh, ci sta. Viaggiare in un paese che non si conosce è un po' essere bambini e dover imparare. I due ragazzi oltrepassano il muricciolo e vanno a fare il bagno (pescano, fanno pipì, fanno il bagno … ah, forse qualcuno lava). Uno scalzo, una sorta di hippie forzato direi, ci passa davanti osservandoci e ciondolando con fare trendy. Si crea un certo incrocio di stili scomposti … il nostro da viaggiatori, zaino in spalla, che, nomadi, arrivano da un paese che permette ancora di poter gironzolare per il mondo a riempirci i cuori di sensazioni umane … e il suo da stanziale obbligato, vuoto in tasca, che permane in un paese che gli permette forse solo di poter gironzolare per le strade a cercare di riempirsi la pancia. Tutte le volte che viaggiamo mi capita di pensare alla gente del paese che visitiamo nella misura in cui l'hai trovata a visitare altri paesi. E' una cartina tornasole delle economie mondiali, anche se non tutto torna a parte il sole che democratico sorge e tramonta per tutti. Di Cambogiani a Firenze non ne ho incontrati mi pare. Eppure viaggiare non dovrebbe essere solo questione di denaro, come è quasi sempre oggi, perché a fare dieci chilometri nella stessa piazza o in linea retta verso un orizzonte sempre diverso si spendono le stesse energie, ma dovrebbe essere forse questione di cultura della curiosità, cultura della mescolanza e del non aver paura di sapere che il nostro piccolo mondo non è l'unico, dovrebbe essere la rappresentazione di quella cultura dell'ospitalità che nella sua stessa definizione racchiude una verità che pare quasi una mancanza linguistica: l'ospite è colui che arriva, ma è anche colui che accoglie.

Alla mia domanda "Ma dove siamo?" Flora risponde girando dapprima su sé stessa con quell'espressione tirata intorno alla bocca che più o meno significa "Ho già Diego da gestire e mi sento anche persa in un luogo di cui devo ancora acquisirne i riferimenti". Eh, già perché mangiamo, caghiamo, costruiamo case e ci spostiamo, amiamo e odiamo, cuciniamo, ci laviamo, coltiviamo e sudiamo in tutto il pianeta, ma non sono le similitudini evidenti a rassicurarci, ma le differenze velate o meno a farci paura.

"Una birra?" propongo io per strattonare il momento. Ok, Flora fa una smorfia di ribrezzo (odia la birra, ho provato a farle capire che il luppolo è cosa buona e giusta, ma credo lo veda un po' come uno gnomo dispettoso e viscido), ma poi acconsente. Il nostro primo locale in Cambogia. Un bar sulla piazza, nulla di che, ma carino. E abbiamo il primo incontro con la cerimoniosità locale e i prezzi irrisori. La rinfrescata ci fa accettare l'idea di girare Phnom Penh con il Tuc Tuc e partiamo alla scoperta delle strade guidati nelle spiegazioni dall'esondante autista che ci racconta gli angoli con un sacco di sfumature. Ci mostra il piccolo palazzo dall'aria prettamente coloniale sulle cui grosse e spartane terrazze si appollaiano i corrispondenti esteri. E' la prima volta che ci troviamo davanti a dei corrispondenti esteri, magari tra quelli c'è anche uno del "La nuova provincia", ma ne dubito, il mercato dell'antiquariato della terza domenica occupa sempre uno spazio preferenziale sulla testata di casa. E poi ci fermiamo davanti alla "Pagoda dell'uomo che prega più di tutti in Cambogia" (io l'ho capita così), probabilmente la casa del monaco buddista capo, un boss dei bonzi insomma, che sfavillante di forme e colori da la sensazione che dentro si respiri davvero un misticismo avvolgente, non nel senso spaventoso del concetto religioso, ma nel senso omni comprensivo della filosofia. Disturba ammirare il palazzo del re, crogiuolo di preziosità e di fasto a pochi passi da una riva di fiume che fa da mercato del pesce, toilette e luogo di incontri, ma l'evoluzione sociale incappa in errori e strade obbligate che possiamo tentare di capire e leggere poi sui libri di storia.

"Prima francesi no amici, ma adesso si" dice la guida mostrandoci il monumento all'indipendenza.

"E ti credo" commenta Flora "i cugini del Camambert erano i padroni … però adesso che sono amici e lontani (e credo che le due cose vadano a braccetto) costruiscono come loro, li imitano, vogliono essere come i dominatori perché è questo che preme sempre l'uomo, dominare, perché la forza economica è sempre stata all'apice dei valori, la merce di scambio verso la dignità, perché avere soldi vuol dire avere crediti verso gli altri.

Non saprei dire se la città è bella nei termini usuali, ma più di altre da nettamente l'idea di un agglomerato di persone più che di case.

Scrutiamo da lontano dei capannoni enormi dove si intravedono al loro interno sedie addobbate.

"E' dove fanno feste e matrimoni" conferma Flora con curiosità. C'è anche tanto di gazebo, un "plus" al fatidico si.

Torniamo al pullman. Cinque minuti e siamo imbarcati in uno "sleeping bus" con poltrone (poltrone … ad aver fantasia …) a castello per rilassarci fino a Siem Reap. Beh, che dire, non è viaggiare se non ti immergi anima, corpo e crampi in ogni piega che prendono le tue giornate a scoprire il diverso.

Attraversiamo prima un fiume su una chiatta e poi percorriamo una strada, che sarà pure per effetto della stanchezza, ma sembra più irregolare di prima. Arriva la sera e solo di rado scorgi dai finestrini usurati del pullman capanne e case, sparse qua e la, illuminate da fievoli luce.

Dovevamo arrivare a mezzanotte, ma all'una siamo ancora in viaggio. E poi scorgiamo una periferia e arriviamo a Siem Reap, un bassa città tropicale che nell'oscurità pare più un villaggio. Dove arriviamo ci attendono sciami di tuc tuc, ma noi abbiamo avvisato l'albergo che ci ospita e sono venuti a prenderci. Saliamo, nella calda e afosa notte, sulla carretta che ci porta verso la nanna.

"Come? Avete dato la camera? Ma era prenotata!" Flora apostrofa il giovane congierge "Era già pagata!!!"

E' uno degli impatti a cui vai incontro in un paese dove mordere la giornata è essenziale, sostanziale e d'obbligo. Quindi notte presso altro albergo con mille e più scuse possibili.

Il mattino dopo.

"Cosa? Abbiamo già pagato all'altro albergo!" ... rimarca Flora. Meno male che ha sangue freddo la ragazza. Io, febbricitante, le vado appresso passivo e lento. Probabilmente non fosse stato per lei avrei già sborsato tre volte tanto.

Ma arriviamo nella splendida stanza che avevamo prenotato. Buona fattura, pulita e fresca e … ci rilassiamo. In realtà passiamo la giornata in camera. Almeno io. Deve scendere la febbre a tutti i costi, altrimenti comincio, come mio stile, a dare i numeri. Nel frattempo mi chiedo ad alta voce "ma Londra, per esempio, o Bologna … non potevamo andare a Bologna?"

Flora però deve organizzare gli spostamenti e così, sola, in una cittadina in mezzo alla Cambogia, esce e si avventura tra strade piene di vita in tutti i sensi, dalla gente che mangia ad ogni angolo ai topolini che corrono all'interno dell'insegna dell'agenzia di viaggio.

E poi pranzo in camera con ciotola di noodle e pomeriggio in lettura.

Alla sera siamo usciti però. Ci siamo diretti nel centro più vivo (ma non per forza più vero) della cittadina e siamo stati attirati da un locale all'aperto, tutto in legno, dal pavimento rialzato all'enorme tettoia. Tutto in legno scuro. Le cameriere, carine e fini, e i camerieri … camerieri, esternavano un'ospitalità che a noi sembrava andare oltre alla finzione nei confronti del viaggiatore anche perché chi viene in questi posti non ci arriva per esternare altezzosità, di qualunque tipo sia. Troppo facile fare i ricchi in Cambogia. Qui si viene per immergersi in un mondo diverso e forse questo i locali lo sanno. Ordiniamo noodle con carne e un'armonia ben compensata di spezie, sapori di verdure, pasta e carne esplode letteralmente. E' una cucina leggera, semplice di cui percepisci subito la composizione non forzata e spontanea, fatta di “quello che c’è”. E ci riempiamo di tutto “quello che c’è” anche perché abbiamo fame arretrata. La cena nei viaggi è sempre compensatrice, ristabilizza gli alti e bassi, è una nicchia, è il momento in cui il tempo si placa (come il cesso).

E alla sera, dopo aver scrutato fuori dalla finestra e aver odorato la distanza che ci separa da casa … nanna.

23 febbraio 2013
Cambogia e templi di Angkor

Mattino. Caldo, colonico e polveroso. Ai tropici si ha una sensazione maggiore del proprio corpo, per via dell’umido credo, dello scoprirsi e di quelle reazioni biologiche a questo clima particolare. Colazione con cappuccino, pane e marmellata sotto il pergolato dell'hotel. La cerimoniosità delle persone è inattesa e ti chiedi se meriti tutto questo corredo di gentilezze.

"How much for the day?" chiede Flora all'autista di tuc tuc.

"Fifteen dollars".

Si, lo meriti. Ma è comunque poco considerando che l'uomo dal nome che ho cercato inutilmente di imprimermi ci seguirà per tutto il giorno consentendoci di visitare gran parte dei templi. I chilometri che ci separano (o uniscono?) dai templi sono aperti, spaziosi. Prima la periferia di Siem Reap, poi i viali verso la giungla, poi lo smog e il traffico e la gente in bici.

Ci fermiamo alla “dogana” del sito. Dogana? Si, perché ti forniscono non solo di un semplice biglietto, ma di un vero e proprio pass con tanto di foto scattata sul momento (Oh Dio, Flora sembri una mercenaria clandestina). Viene rilasciato con una severità che ricorda le formalità del visto. Andiamo oltre, mai quanto si deve, ma in questo caso si, e arriviamo nei pressi del primo tempio del complesso.

Ta Prohn. La sabbia gialla smossa dalla brezza e dai bambini che ti si avvicinano appanna l’atmosfera e scalda il verde della vegetazione. Siamo determinati! Dal nugolo di infanti che ci avvinghiano non compriamo nulla altrimenti a fine viaggio avremo fatto fuori un sacco di soldi. Non molleremo!!! … Sono passati due minuti e sette metri e abbiamo già acquistato una guida della zona in inglese e tre braccialetti. Quando si dice coerenza. La guida è recente, ben fatta, notevole e acquistata ad un terzo del prezzo di copertina. Ci sono un sacco di dilemmi nel mondo e non tentiamo di spiegare questo arcano. I braccialetti sono fatti di palline di legno finemente decorati e se pensi a quanto costano ti imbarazza quasi non averne comprati mille.

Il muro antico di ingresso, suadente e di calma sospirato, ci aspetta. Lo varchiamo ed entriamo in un recinto che ci porta al primo tempio.

E' una trasposizione dell'animo. E' un organismo di pietra adagiato sulla sua austerità che emana, come un alito di spirito, una reverenza solo apparentemente scalfita da una magica destrutturazione che ha quasi del dinoccolato e che ha il sapore tuttavia di una solidità che sa più di filosofia del cuore che di decadenza.

Ci addentriamo tra le mura con rispetto e quella fame che ti prende quando hai timore di non riuscire a portare via tutto quello che senti.

"Flora ..." chiamo sommessamente. E lei spunta di qua e di là, da dietro una colonna o sopra un muretto, da fianco ad una statua a sotto un portale e studia il luogo con una curiosità viscerale, lenta e aperta. Non è una donna in questo momento, è un chakra unico.

Addentrarsi tra le rovine è un involvere nei meandri di una cultura sociale e di un'evoluzione che da l'idea della forza e della volontà umana di aggregazione e della sua rappresentazione. In epoche dove si sopravviveva più di quanto si fa oggi i simboli erano dominanti. E un fascino più scevro dalle nostre contaminazioni prende forma proprio perché si percepisce che non è una forma ambientale e spirituale da cui noi occidentali abbiamo origine, almeno storicamente, in maniera diretta. E' un altro nostro mondo. Non è un'ascendenza culturale, ma una trascendenza culturale.

Avete presente quando da bambini c'è l'occasione di stare vicino alla bambina della scuola che ci piace? Insomma, le farfalle allo stomaco, quella sfera calda e vorticosa che si sente nel ventre … ecco, più o meno è quello che senti percorrendo corridoi sorretti da sculture e lastricati da piastrelloni irregolari e che si aprono da un lato e dalla parte opposta decorazioni alla parete. Una sensazione forte è che la struttura sia stata plasmata dalla natura stessa ed è per questo che se le enormi piante dalle radici tentacolari abbracciano, possiedono, stringono, penetrano e avvolgono i muri o i tetti. In fondo non provi un dispiacere architettonico, ma una accettazione quasi logica. Tutto sembra l'incastro affascinante di magiche fantasie.

"Belle vero?" Flora dimostra sempre empatia verso di me tutte le volte che quasi spiaccico la faccia a guardare e tastare le decorazioni più piccole, fini e ripetute e condivide quella domanda che non puoi non farti (o meglio puoi, ma allora che cerchi a fare …) e che più meno recita "ma quanto cazzo di tempo ci hanno messo a farle!" Perché ti viene in mente una, due, cinque, cinquanta persone non lo so che con piccole cesellature scolpiscono motivi ripetuti e complessi per un fracco di metri quadrati e tra l'altro questo fracco nessuno l'ha mai misurato bene, ma è tanto.

Ci sono templi sbloccati, non nel senso di sciolti, ma nel senso che i blocchi costituenti si sono parzialmente disgregati creando "figure" monumentali che sembrano scomposte appositamente. Torri di incessante e sfuggente morfologia paiono emanare una nebbia intorno a loro che ci viene da confondere con foschia, ma che potrebbe essere il loro stesso spirito. E se in qualche anfratto rimani da solo, un pathos umano che sa di carne e polvere si fa avanti.

Usciamo attoniti dal primo sito per dirigerci al prossimo. Si chiama Beyond ed è composto da un complesso principale con propaggini di centinaia di metri. Tutte da camminare. Ci avviciniamo e si presenta un affastellamento di pinnacoli a mo' di torri che si innalzano in un ruvido agglomerato multi forme presentato da una specie di colonnato che ha del severo e dell'oscuro. Entriamo in un organismo di passaggi e scale, spiazzi e travi per arrivare al cospetto di questo innalzamento di curve e spigolature dal quale, quasi come se fossero affioramenti, un numero di volti giganti si estrudono per dare un senso di placida e severa accoglienza, e che sembra esigano un certo rispetto.

Un cortile dal sapore vaporoso e dall'atmosfera arancione e ocra si apre indicandoci con scalinate scalcinate, ma orgogliose, l'ingresso per il limbo. Eh, si, perché al momento ci troviamo al livello inferiore, all'inferno, nonostante il prezzo pieno per l'ingresso. L'ascesa ci porta in una coorte interna dominata da una costruzione a tempio che si allarga, in un contemporaneo spiritualismo, in un misticismo pratico. Il posto sembra abitato. E un dedalo di corridoi laterali, stretti, dall'umidità scura e dagli scorci sacri ed è popolato da persone, abitanti che vengono qui a prendere il fresco, a chiacchierare, per lo più a stare in silenzio a tenere compagnia alle statue di Buddha che come cartelli indicatori ad ogni crocicchio indicano, si può dire, la strada. Dei bambini giocano scorazzando e alcuni giovani uomini si rilassano, più che altro cazzeggiano oppure si può dire che contemplino il tempo che scorre rallentato dal momentaneo far nulla. Nel frattempo alla modica cifra di un dollaro ci mostrano come si prega con l'incenso tra le mani, tra l'altro con un cipiglio nemmeno poi tanto accondiscendente. I miei inchini, ripetuti nel numero di tre, non erano dei migliori e la signora mi ha dovuto far ripetere il piccolo rito con una severità rispettosa che ha, se possibile, impresso ancor diversamente il già compreso momento e impregnato di soavità umana il piccolo braccialetto che ci hanno dato. Ci districhiamo tra i budelli di pietra per arrivare ad una terrazza che rappresenta il paradiso ed è presidiata da volti giganti che con espressioni umane osservano il visitatore e gli sorridono in maniera paterna, leggiadra e avvolgente, ma con un pizzico di doverosa autorità. Ci fermiamo qualche minuto ad osservare gente che osserva altre persone intente a guardare facce giganti che osservano gente. Una specie di ok corral alla Cambogiana. L'immersione negli ambienti si amplifica ancora di più quando una stanchezza fisica allenta i riferimenti e si viene a creare quel momento di percezione lenta, calda, che ti mette a mollo nel lago caldo delle riflessioni spontanee. E poi ti riprendi e ti accorgi all'improvviso di essere in un altro luogo che non è la tua terra e un solletico si traduce in ritmo cardiaco non tanto accelerato quanto cadenzato. E' un po' come risvegliarsi da un abbiocco sul pullman che ti porta al lavoro. E' un posto dove ci si perderebbe volentieri, dove ci si farebbe mille domande, ma il giorno è sempre lungo uguale e decidiamo di perlustrare la terrazza. Una guglia gigante, che il tempo ha trasformato in un fantasioso sovrapporsi di forme, domina il complesso (di inferiorità mi verrebbe da dire) e tutto quello che sta intorno ed è circondata da amorevoli guglie più piccole. Bassorilievi levigati e leggeri decorano le pareti e contribuiscono a creare non una sensazione piatta e continua, ma movimentata e sensoriale. C'è un cortile nella parte bassa che sembra uscire dal tempo, sembra essere stato sempre così, adagiato e in compagnia di sé stesso in un evoluzione involuzione, come un organismo che si autoalimenta. Altri bassorilievi danzanti raccontano storie decennali sia nella loro stessa creazione che in riferimento alla loro storia. La terrazza degli elefanti la visitiamo, dopo una lunga passeggiata su un corridoio sospeso, e giriamo intorno a questa costruzione multi strato, un'enorme lasagna di pietra suadente e austera.

Ci fermiamo a mangiare davanti ad Angkor Wat, il terzo tempio della giornata, il più famoso, direi, e infatti è a dir poco frequentato. I Kmer avevano sicuramente un obiettivo … stupire, con la grandiosità, la monumentalità e con gli spring rolls crudi, gustosi e rinfrancanti. E i bambini stupiscono sempre. Veniamo circondati da una banda colorata e impolverata di infanti venditori di braccialetti (che naturalmente compriamo) e una di loro ci sorprende perché dall'alto dei suoi piedi scalzi e dal moccio al naso ci mostra delle foto archeologiche dandocene spiegazione ed enumerazione in ben tre lingue diverse. L'arte dell'arrangiarsi ha un istinto tutto suo ed è sempre espressione.

Sollazzati dal pranzo e immersi in una vaporosa atmosfera di un cielo un po' fosca entriamo in Angkor Wat.

"Cacchio! La facciata è in restauro!" Un enorme telone verde copre il secondo ingresso, ma viaggiando si impara a non pretendere quello che ti aspetti e a non aspettarti altro se non quello che trovi. Attraversare i perimetri concentrici richiede una bella passeggiata. Faccio cenno di non soffermarci subito a goderci l'esterno, ma di raggiungere quanto prima i primi porticati e Flora risponde con un sibilo e un cenno del capo. Fa caldo, è l'una del pomeriggio e la pressione della temperatura e dell'umidità è possente … ma ti risucchia, ti piace, ti fa entrare in contatto con l'ambiente quasi ti sciogliesse in un tutt'uno con esso. Nell'entrare abbiamo avuto questa sensazione grosso modo condivisa quasi nella totalità … che qua ci sia più monumentalità anche se più raccolta e intima di quello che pensi di trovare e che ci sia un risvolto tra le trame delle rovine un tantino diverso dagli altri posti. Ne meglio, ne peggio. E' diverso. D'impatto sono le postazioni di preghiera al Buddha, colorate a dismisura, verdi, gialle, arancioni, rosse, con l'incenso che scolpisce volute profumate tra le parole delle orazioni. Altro momento concatenato … io che osservo Flora fotografare un bonzo che fotografa Buddha. Un motivo ripetuto sono le colonne a bolla che ingabbiano in qualche maniera l'aria che corre nei corridoi e dietro alle quali puoi osservare il panorama esterno e gli scorci. Sono scolpite con una precisione imbarazzante. Sembra di essere su piattaforme sovrapposte, su piani sfalsati e concatenati grazie a scale che si infilano in intercapedini quasi temporali. Mi capita, quando sono in simili luoghi, di concentrarmi su un dettaglio costruttivo, una porzione di qualcosa, come un tegola di tetto o una figura scolpita o ancora una delle parole incise sui pilastri. Spesso i dettagli riportano in loro un'appartenenza al tutto, un carattere, trasfigurano il completo. Spesso quello che ti porti a casa è proprio la consistenza del profumo di un particolare che parla per tutto il resto. La parte in mezzo del tempio racchiude un prato e se guardi verso fuori scorgi in un vago appannamento dell'aria le costruzioni minori con in lontananza quelle piante, credo palme, dal sapore vagamente di soffione, tronchi alti e spogli con una testa quasi rotonda e spuntano un po' qua e un po' là caratterizzando il profilo ambientale locale. Saliamo nella parte più alta, un altro terrazzo più piccolo (vogliate relativizzare “piccolo” … si tratta di cortili e spazi capaci di ospitare un gran bel numero di persone) e ci troviamo al cospetto delle enormi torri, quelle che da lontano configurano Angkor Wat. Bassorilievi timidi, ma di incredibile fattura costellano in parte i muri e un Buddha di pietra rossa riposa in una nicchia misterica. Era una città e dall’alto lo si nota bene.

“Dove abiti?”

“Ad Angkor, ma nella downtown”.

“Ah, bastardo … ci sono un sacco di belle kmer lì”.

“Si, ma rompono con la morale … ci sono i sacerdoti”.

“Che palle … però seratona al fossato tutte le sere”.

"Miii, puoi dirlo!"

Mi stavo immaginando un discorso tra giovanotti cambogiani dell'epoca. Doveva essere più o meno così".

Flora mi fa notare che sotto un Naga c'è una statua di Buddha sulle cui mani lasciano degli omaggi, piccoli fiori … e ti accorgi, da buon ateo, miscredente, agnostico e cinico, che non c'è sempre bisogno di credere per credere che certi gesti facciano bene. Solo chi non ha mai perso può pensare di sorridere delle credenze così come delle grandi filosofie. Per mio conto … davanti a tali simbologie un inchino, seppure interiore, lo faccio comunque. Ci sono un sacco di piccoli edifici funzionali forse più atti a pratiche astratte che pratiche, ma in fondo l'anima non è palpabile eppure guida miliardi di persone.

E' quasi sera. La foschia ammanta i templi e torniamo a Siem Reap.

A cena ci gustiamo piatti khmer e io l'ennesima scolata di birra da poche decine di centesimi e mentre mangiamo danzatrici e danzatori locali ci sospendono un po' l'attenzione. E come spesso succede, mentre ingurgitiamo con avidità questo cibo spettacolare, l'inconscio comincia a elaborare.

24 febbraio 2013
Cambogia e Tonle Sap

Si vuole avere una sensazione delle condizioni stradali della Cambogia?

Chiediamo al nostro tuc-tuc man quanti chilometri ci vogliono per arrivare al Tonle Sap, il gigante d'acqua dolce del sud-est asiatico. Una decina circa, ci viene risposto "e quanto tempo ci va?" … ci abbiamo messo un'ora circa. Ma il tratto è quanto meno incantevole e non per paesaggi che sanno di favola decorati da ninnoli e non ci sono casette fiorite o giardini per infanzie preconfezionate. L'impatto è esclusivamente vitale, sembra di adagiare le labbra su una pelle madida di un sudore stillato premendo insieme cielo e terra. E' un territorio che, al di là degli approcci al viaggiatore, non ti prende in giro, ma si presenta così com'è, in ciabatte e improvvisazione. Alla prime palafitte fuori da Siem Reap ti viene quasi da pensare che sia normale trovarle … saranno messe lì apposta per far dire "Miii, in Cambogia ci sono le palafitte" e invece continuano. Tutto il fiume che arriva al lago è costeggiato da una sorta di villaggio frazionato e spizzicato, a volte più raccolto, a volte più disgregato, un puzzle in lungo sparso di una stessa vita di popolo. Passiamo a fianco a bambini che scorazzano per la strada polverosa, che aiutano le mamme o imitano gli atteggiamenti dei grandi. Le case, capanne abbozzate con legno e lamiere, sembrano tappeti volanti parcheggiati vicino alla strada in quanto dal lato opposto sono sospese su alti pali e sembrano budelli aperti da dove le vite si estrudono tutti i giorni dell'anno asciugando per così dire gli umori liquidi e le mucose di una terra che non può chiudersi perché la comunità è la sopravvivenza di tutti i giorni. Il tuc-tuc sobbalza sulla strada pianeggiante, a curve e polverosa. Le palme tropicali ingraziano per così dire alcuni scorci.

"Guarda, un distributore di benzina" mi dice Flora indicandomi un carretto con delle bottiglie piene di un liquido giallastro.

"Sembra olio di oliva" dico io.

E dopo la benzina, le mucche, magre e spigolose. Pare non abbiano più un'anima. Dall'andatura direi di no, ma dallo sguardo sembra il contrario.

Ci avviciniamo al lago, lo intuiamo dal diradamento delle case che ormai sono solo più sparse qua e là, tra praterie di ninfee, acquitrini e fiumiciattoli stanchi. La povertà non ti bussa nemmeno alle spalle, dignitosa e radicata.

Arriviamo alla partenza delle barche, lunghe chiatte da pochi posti, strette per districarsi meglio nel melmoso canale che porta al lago. Il costo del giro sul natante è un tantino esoso, venti dollari a testa! Ma siamo in periodo non di alti livelli del lago e pertanto l'alternativa è fare decine di chilometri per provare a partire da un altro posto, ma non sappiamo nemmeno se da là partono effettivamente. Il costo è l'indizio di qualche crepa sociale che scopriremo soltanto dopo.

Partiamo. Siamo solo noi due, un ragazzino che guida la barca con un cruscotto trapiantato da una macchina e un giovanotto vestito con il tipico abito nero e il cappello a tesa larga. E' l'addetto alle spiegazioni e al disincagliamento … ovvero il fondo del lago è melmoso e nella maggior parte dei punti non più alto, in questo periodo, di un metro o poco più e quindi la necessità di usare una pertica per liberarsi dal fango è diventata una perizia vera e propria. Quando pensi di conoscere i mestieri. Gli argini del canale sono uno garbuglio di vita nel senso stretto del termine. Le barche in riparazione sono sospese su pali in mezzo all'acqua, officine aeree che altro non sono se non la versione tropicale e acquitrinosa dei ponti dei nostri meccanici. Passiamo a poca distanza da un piccolo gruppo di persone che stanno intorno a qualche asse di legno e a piccoli tavolini, nel bel mezzo della terra drenata del canale.

"Fish market" ci dice il ragazzotto.

Mercato del pesce. Annuiamo come intontiti da una scena che non riesci ad associare ad una qualche idea preconfezionata e previssuta, concepisci quello che ti stanno descrivendo e a cui assisti, ma è la versione primitiva delle tue idee. Qui si tratta di povertà, di assenza di mezzi e quasi di regole, di sussistenza di mescolanza tra pesca, motorini, seggiole di plastica e odore di pesce. Ovviamente ti fai mille domane sulle condizioni igieniche dimenticandoti che il genere umano è arrivato fino al tablet sicuramente non spalmandosi

Amuchina sulle mani. Veniamo sorpassati da una barca più piccola con due ragazze a bordo, guerrigliere in gonnella … se pescano o gironzolano non si capisce. Vicino alla riva giovani e meno giovani vagliano il canale in cerca di lumache, ne mangiano tante e se ne vedono agli angoli di tutte le strade. L'acqua è color fango, denso, fantasticamente omogenea nelle sue poche decine di centimetri. E sfioriamo la scuola per bambini regalata dall'Unicef ormai ridotta ad un relitto. E' lunga e azzurra, con scritte in caratteri locali e il simbolo ben noto, sembra una nave adagiata sull'insistenza e anche lei incagliata in una disfatta. Ma magari è solo stato un tentativo, una compensazione del non poter avere tutti le stesse possibilità.

La barca su cui siamo fende l'acqua con la stessa calma placida con cui nella memoria si sta già incidendo un solco nel quale germoglieranno pentimenti di colpe indirette. E mentre ci viene detto che la vegetazione intorno a noi, nella stagione delle piogge, viene quasi tutta coperta, costeggiamo un villaggio (villaggio???). Si tratta di un assembramento di pali, frasche, stoffe il cui guardiano da riva è un bambino di qualche anno, due o tre, che mezzo nudo segue l'argine guardandosi di tanto in tanto indietro alla ricerca non di qualcosa, ma forse di qualsiasi cosa. E' sporco, vive nella risacca di un agglomerato sociale macerato. Quel bambino è tutto persona, non è sovrastrutture, definizioni, lembi, non ha oggettività a integrarne la soggettività, ma ha solo il completo essere calato in un quibus senza muri con la materia, l'erba, il fango, le foglie, gli escrementi di lumaca, un pianto, un avanzo da raccogliere. E ti dai fastidio da solo, non perché sia sbagliato avere più di altri, ma perché ti viene la nausea, ti senti gonfio e impacciato, è come se fossi vestito di mille ciondoli di vetro e non riesci a dartene il motivo. E non riesci a trovare la soluzione perché fai i conti con la faccia buia della consapevolezza … quella che ti dice chiaramente che provare pathos non è altro che pregare senza credere a meno che non ti frantumi l'anima e la sciogli in quello che non sei.

E il canale non sembra gettarsi nel lago, ma infilarsi in un seno materno.

"Cazzo se è grande" perché hai visto il mare, hai navigato e camminato, ma il Tonle Sap ti da, nella sua chiusura di lago, uno schiaffo di dimensione e ti fa effetto sapere che, al più, è alto dieci, quindici metri nel mezzo e nella stagione delle piogge. Un latte marrone rovesciato in una depressione. Poco lontano si profilano le prime case galleggianti … barconi, chiatte, palafitte che hanno abbandonato la terra e rimangono balene a filo d'acqua. Ciò che non è natante lo diventa sorretto da barili o da qualsiasi altra cosa galleggi. Ci accorgiamo che non ci accorgiamo della reazione dell'altro. Siamo troppo assorti da un micro cosmo così accerchiato dalla fatica di mangiare che si è dovuto abbarbicare sul lento sciabordio di questo mondo palustre. Entriamo nel villaggio. Sono vite a pelo d'acqua, ogni casa è sempre tale, ma osservare i comuni luoghi di esistenza dislocati in un ambiente quasi surreale porta a estrudere ed evidenziare i luoghi stessi. Ecco che padelle e bacinelle appese a tettoie che fungono da terrazzini decontestualizzano la zona famigliare. Lì fanno anche i piccoli lavori di manutenzione, di trattamento della verdura, di preparazione del cibo. Le case sono ammassi multi formi di lamiere, legni, balaustre colorate e pareti in foglie di palma o simili. Anche qui qualcuno sta meglio di altri in una proporzione che potrebbe essere offensivo sottolineare. I negozi? Tassativamente a domicilio! Piccole barchette che pullulano di merci si accostano a questi velieri della sopravvivenza per vendere e rinforzare il legame essenziale della necessità. Sono colorate, zeppe, guidate da signore e ragazze con il leit motiv dell'abbigliamento delle femmine che lavorano, guanti, cappello, a volte calze e un foulard per coprire il volto e il collo. Non abbiamo ancora capito bene il perché di questo coprirsi, ma supponiamo che sia per non rovinare e scurire ancora di più la pelle, una sorta di grezza moda a protezione della ricerca di una vezzosità che rende le persone ancora più simili in qualsiasi metro quadrato di questa terra, amara o meno che sia. Ad un incrocio di questo paese d'acqua incontriamo una piccola barchetta condotta da una bimba che avrà si e no sei anni, appollaiata sulla prua che ci da dentro con un remo due volte lei. E passa accanto ad un orto … un orto! Un appezzamento di terra racchiuso in un rettangolo di legno che galleggia vicino alle case-barche. E' un arrangiarsi che evidenzia ancora di più la difficoltà di unire mondi come terra e acqua anche se a poche centinaia di metri. E infatti sulle terrazze delle case spuntano vasi, piante e qualche fiore, angoli agricoli come pesci fuor d'acqua. Un ragazza sta accovacciata e intenta a qualche minuteria e intanto ci incagliamo. Niente di più facile dal momento che si viaggia ad un metro da un limaccioso fondale. Una ragazzina, affacciata da un finestrella dal sapore intimo, indica ai due prodi marinai come disincagliarsi mentre un bimbetto al suo fianco, con il leggero distacco di chi sta imparando, mangia, a bocconi lenti e di pancia, la scena. E intanto sfioriamo tende colorate e un'officina per motori di barche che sembrano ibridi tra tutto ciò che di meccanico si può raccattare. Facciamo tappa su una specie di chiatta dove un ragazzino con un serpente al collo cazzeggia buttandoti al collo il rettile rimanendo indifferente sia che un giapponese gli urli parole di paura perché il rettile lo fiuta da vicino, sia che venga coinvolto in una piccola lotta sull'amaca in mezzo al padrone e ad una bambina della stessa età. Da lontano si vede l'orfanotrofio e quando torniamo sulla barca il tentativo arriva.

Ci chiedono se vogliamo comprare un sacco, di non si sa quali dimensioni, di riso per portarlo ai bambini … costo trentacinque dollari. Minchia! Dico io, non è il costo in sé, anche se centelliniamo i soldi per arrivare a fine viaggio. Riferiamo ai marinai che ci sembra caro e chiediamo se non ci siano organizzazioni che supportano in qualche modo una sorta di sviluppo locale. Ci riferisce che non ce ne sono così tante, che le iniziative solidali che passano per le mani dello stato sono voragini di denaro e che l'unico modo è l'iniziativa privata. Un po' storco il naso perché con tutti i viaggiatori che salgono su queste barche a venti dollari a testa basterebbe che l'imbarcadero traesse una piccola quota dal biglietto o lo alzasse leggermente per accumulare una somma di denaro sicuramente più alta di quella delle offerte. In più un sacco di riso a quel prezzo mi da l'idea che qualcuno ci mangia su. Facciamo ritorno verso il canale e lo percorriamo nuovamente lasciandoci alle spalle un piccolo mondo che senti già legato alle tue viscere e per quello ti si chiude lo stomaco, perché è questione di non voler accettare. Al ritorno il mercato del pesce è ancora più vivo, bacinelle colorate, cinque o sei ombrelloni e una decina di persone. Attracchiamo, ringraziamo con ulteriore mancia i due marinai e andiamo in cerca del nostro tuc-tuc. Riprendiamo la strada polverosa che brucia la gola e chiediamo al nostro "autista" di lasciarci per strada lungo i villaggi di palafitte a ridosso del fiume per qualche piccola tappa aggiuntiva. Come se si fosse ricordato solo in quel momento di dove abita ci dice che, come un rivelazione, esiste una pagoda sulla strada, ma essendo vicino alle palafitte e non negli itinerari non ci va nessuno, tanto meno i viaggiatori e nemmeno lui ci è mai stato. Quali personaggi migliori! Non possiamo non andare! Attraversiamo un piccolo ponticello che scavalca il villaggio e ci inoltriamo in un piccolo mondo sospeso, calmo e silenzioso. Un cortile preannuncia il tempio principale, ovvero una struttura vuota che connette dimensioni diverse spazzolato appena da un venticello caldo che smuove lievemente le foglie secche entrate dalle grandi aperture. E' tutto esternamente decorato come un marzapane religioso dai bassorilievi naif e i colori accesi. Di queste strutture ce ne sono tre e subito dopo una discreta adunanza di piccole tombe per ricchi simili a torri, più grandi e più piccole, colorate ed esteticamente pesanti. Poco più in là, oltre un cancello, ci avviciniamo al luogo dove si fanno le cremazioni ed è contraddistinto da un fregio nel quale un uomo un tantino pallido si fa mangiucchiare da una banda di corvi. La struttura aperta per i matrimoni è un pullulare di colonne e colori sgargianti ed è presidiata da una bacinella zeppa di pesci neri. Un bonzo, un giovane ragazzo prestante e dall'incedere da cowboy, ci precede salutandoci mentre si dirige verso un'amaca dove ci si butta per rilassarsi nella calura del pomeriggio tropicale. Ritorniamo indietro e ci avviciniamo ad una stanza a cui si accede attraverso una piccola scalinata. E' di uno dei sacerdoti, luccicante nella sua tonaca arancione e per alcuni tatuaggi. Un bambino salta fuori dalla stanza piena di altarini, tappeti, incenso e simboli e ci saluta, non tanto incuriosito quanto con un'espressione come a dire "… e questi?"

Arriva anche un ragazzo giovane che si spoglia davanti a noi. Ci viene spiegato che si prepara alla benedizione. Da un grosso barile il bonzo prende mestolate d'acqua e cadenzando una cantilena senza sosta comincia a bagnare il credente che nel frattempo, a mani giunte, prega. Dura la bellezza di dieci minuti almeno e poche cose ripetitive mi hanno rapito così. Alla fine il benedetto mi chiede se voglio provare e a parte il “no, grazie” penso che sarebbe disonesto vantarmi di aver fatto qualcosa senza crederci davvero.

Usciamo dal cortile e ci soffermiamo sulle palafitte a lato del fiume, strutture in legno e lamiera che sfilano lungo gli argini ingentilite appena da palme selvatiche. Ci viene fatto anche notare che là, sulla destra, qualcuno sta andando in bagno … bagno, certo nella sua quasi primitiva soluzione. Il gocciolare nel fiume ci fa individuare l’indicazione. E ti capita di entrare in quel processo mentale che ti accompagna finché non arrivi a casa e cioè quello di confrontare. Provi a trasportare i tuoi ambienti e le tue abitudini in quei luoghi e spesso il rapporto stride. E naturalmente spunta il dubbio. Qui sono poveri, fanno fatica, ma di quanto sono lontani collettivamente da un'esistenza umana equilibrata? Insomma, mescolare le vite delle famiglie, conoscere, chiedere, farsi favori, senza tanti complimenti perché è così che deve essere. E ti chiedi se l'evolvere dal terzo al secondo o primo mondo in qualche modo debba portare necessariamente ad un non luogo umano di forme sociali indifferenti. Ma non conosciamo questo mondo, ne stiamo appena odorando le forme. Rientriamo, pieni e svuotati allo stesso tempo.

25 febbraio 2013
Il mercato di Siem Reap

Se volete avere addosso la sensazione di essere all'interno del substrato dell'umanità, carpirne la consistenza sanguigna, gli odori e gli umori, la condivisione, se volete sentire la pelle madida di gente e di espressioni … allora state almeno un'ora in un mercato come quello di Siem Reap. E' un crogiuolo di forme psichedeliche, di verdure che ribollono nell'ambiente … tuberi, aglio, cetrioli, frutta dalle forme ancestrali che pare partorita dalla fantasia di bambini sprezzanti di darle dei limiti. E in mezzo ci sono donne che sedute su tavolacci vendono e preparano bacinelle di cibo pronto e pastoni e sopra di loro corde e catene a reggere borse e oggetti in uno scenario che altera la normale percezione e crea un effetto fantasioso come se ci si trovasse in mezzo ad un popolo degli alberi. E' tutto diviso a settori e se passi sopra alcune pozzanghere di acqua puoi immergerti tra animali sventrati e ordinati per organi interni, nulla viene gettato e tutto viene preparato lì sul momento sotto luci soffuse e una cappa di assoluta concretezza. Fegati, muscoli, interiora, galline intere, bestie … tutto danza in un ballo grottesco di morte, ma fiero. Il colore rosso del sangue, del marrone scuro, del grasso chiaro e un odore di mescolanza che ti entra dentro, ti prende le budella e te le stringe apparentemente per farti venire la nausea, ma in realtà per ricordarti che sei un uomo, un oggetto della sopravvivenza e che le sovrastrutture del ribrezzo servono solo a farti capire che sei fuori strada. Il pesce è fresco, lavorato con mani sapienti e proposto con arte, ha mille forme e l'umidità che lo avvolge è una patina di sofferenza argentata che onora la vittima. Le donne sono concentrate su una sistemazione ordinata, precisa e difficile di ogni prodotto … melanzane, insalata, cavoli e recipienti dalle mescolanze sensoriali. Giriamo come persi, in preda ad una sollecitazione che fa leva sulla parte istintiva dello spirito che a tratti ci confonde e sembra spingerci fuori, ma non usciamo perché abbiamo la necessità di farci penetrare dall'anima di questo banchetto.

25 febbraio 2013
Arrivo a Hoi An

Lieve tepore di erbe aromatiche appesantito dall'umido appena mosso da una corrente che vaga.

Posiamo gli zaini nella stanza al piano terreno dell'hotel dove pernottiamo, la finestra da su un muro alto un paio di metri e distante un paio di centimetri. "A l'è da meuri" direbbero le relative mamme e forse lo pensa anche Flora, ma ha scarpe da trekking, maglietta, pantaloni da foresta, capelli legati e guida in tasca. Non può lamentarsi!

Flora: “Un tantino umido … va beh … tanto non possiamo farci niente, è tardi e mica possiamo andare da un’altra parte” e poi a sé stessa “dai, Flora, l’abbiamo pagato solo ventiquattro dollari …”

E’ tardi effettivamente, e usciamo giusto per farci un piatto da riempirci lo stomaco. Troviamo un locale aperto in una via deserta, è la memoria di un anfratto coloniale francese … il nome, la musica, i libri in lingua … ordiniamo due zuppe di noodle di riso e pollo. Squisite! Tra la spossatezza del viaggio e l’ora non riusciamo nemmeno ad alzarci e immergiamo la mente in una nube trasparente di pregnanza vietnamita, quel miscuglio di vita così com’è, punteggiata qua e là da indifferenza verso gli stranieri con quel decentrato senso che le cose siano davvero come appaiono appena sfumate da una riservatezza intrinseca.

26 febbraio 2013
Hoi An

Il paese è un gioiellino, un villaggio di pescatori ben tenuto, confezionato e impacchettato per onorare il viaggio e i sensi. Sono tutte case basse su strade parallele al mare caratterizzate da una specie di portico largo utile sia per la pioggia che per l'ombra. Sembrano mattoncini dal color dello zafferano inserite l'una a fianco all'altra, a volte dissestate l'una dalle altre. E sono praticamente tutte decorate dalle lanterne di stoffa che danno il soprannome al paese. La città delle lanterne. Ce ne sono un'infinità, di ogni dimensione e colore, alcune case ne hanno una o due, alcune ne hanno decine. Non si tratta di un abbellimento forzato a quanto pare, di negozi che ne vendono ne troviamo soltanto uno con laboratorio annesso. Sono fatte tutte a mano e sono una tradizione del luogo. Il paese è piccolo, pulito, leggero direi, una manna per chi ama i concentrati di atmosfera gradevole, buona cucina e rilassatezza. E il caldo torrido ci accompagna sempre, tant'è che alle undici del mattino, una bella bibita e una birrazza da mezzo litro fresca non ce la toglie nessuno. Siamo in una minuscola trattoria con un tavolino nella luce di una piccola volta che guarda il mare da un bel metro di altezza. Il caos del Vietnam si traduce in movimento fluido, calcolato e dal sommesso rumoreggiare essenziale. Ci spingiamo subito, come attratti, al mercato. Nella piazza spadroneggiano due strutture coperte. Una ospita tante piccole postazioni di cucina dietro alle quali vengono prodotti pasti a tutto andare e per pochi dong da consumarsi direttamente sulle panchine intorno al tavolo su cui vengono serviti. Vengono ospitate anche bancarelle che vendono essenzialmente spezie e prodotti più tipici come balsami e dolci. Nell'altra, a bordo mare, scopriamo un corteggiamento esplosivo di ceste, contenitori, bacinelle e piatti di verdure, pesce fresco, insalate, frutta esotica dalle forme eclettiche e tuberi adagiati uno vicino all'altra in un abbraccio pacioccone. Tutto intorno per le strade si vive un canone di donne con il bilanciere che vanno e vengono, lo posano per terra e le si siedono accanto, signore che con l'energia del "deve essere fatto" puliscono il pesce e ordinano i mazzi di raccolto, donne che vendono noodle di riso o grano già precotti, ragazze e bambine che vendono o comprano in un incessante macchinario. Inebetisce quasi il formicolare preciso e puntuale. Gironzoliamo, cercando di non essere fastidiosi, tra i venditori che o hanno bancarelle o sono direttamente seduti per terra. C'è un pesce che è una meraviglia, vien voglia di addentarlo così, su due piedi. Due signore con i bilancieri si fermano perché le guardiamo incuriositi. “Polli da spennare” paiono dire le signore che in un nulla ci fanno acquistare banane, un tipo di frutto più facile a raccontare che a ricordarsi il nome originale e un altro frutto che sembra il cuore di qualche animale fantastico delle leggende popolari. Hoi An è da camminare, da scrutare attraverso scorci dentro alle case, da leggere nelle espressioni dure sui volti, da respirare in riva al mare fiume ed è proprio da lì che ti da l’idea di quello che era una volta e adesso lo è ancora, ma con un trucco ben riuscito. La sera mangiamo in riva al mare sulla terrazza di un ristorante. Optiamo per una cena “degustazione”, mi verrebbe da dire, dove assaggiamo pesci nelle foglie di banano, rose semi trasparenti ripiene piccoli spring roll croccanti e intensi. Nulla da dire. La cucina vietnamita è la corrispondente mediterranea dell'Asia anche se conviene scegliere piatti singoli. In queste raccolte di gusto viene un po' meno l'accuratezza.

27 febbraio 2013
Hoi An e il villaggio di pescatori

Rilassati ci siamo rilassati. Abbiamo ciondolato come vacanzieri durante la passeggiata serale e ci sembra una buona idea (in realtà le idee buone le ha quasi sempre Flora) prendere a noleggio due biciclette per la modica cifra di quattro dollari "Quattro dollari?? Ieri erano due" … si ma erano già le tre del pomeriggio mi riferisce secca la proprietaria. Va beh. E' pur sempre poco questo prezzo orario. E così partiamo per un tour nelle campagne. Uscire dal paese è un impresa dell'attenzione, ti sfrecciano a fianco motorini e camioncini che seguono le regole del traffico come io le trasmissioni sui pacchi milionari. Con la strada principale, costeggiando risaie e piccoli torrenti, arriviamo fino ad una spiaggia bella grande, pulita, con palme, mare, aria, sole e sabbia ... e fin qui nulla di strano se non fosse che un vigilante poco indaffarato ci intima di spostare le biciclette da dove le abbiamo messe, ovvero in uno sperduto angolo di un marciapiede adiacente alla spiaggia dove tra l'altro ci sono solo le nostre bici e un cestino per l'immondizia e non ci sembra che stiano per preparare alcunché. Arrivano altre due persone, ma sembriamo già in troppi. D'altronde anche in amore quando ci si conosce la femmina fa la preziosa. Corteggiamoci questo Vietnam, ci viene da dire. Decidiamo di prendere una deviazione per le campagne e dirigerci verso un villaggio di pescatori immerso tra canali e palme d'acqua. E che sono davvero tante! Sono basse e fitte e ricoprono un'area davvero estesa. Delimitano, con una possanza ferma, le intrusioni del mare che si allunga dalla baia. La tranquillità che si percepisce non è quella esasperata e forzata di alcuni angoli in cui ci si rifugia, ma una tranquillità più collettiva. Un vivere in prossimità dell'acqua in piccole case separate le une dalle altre da appena un sentiero. La gente fuori dalle case o sotto gli androni e i bambini ci salutano con un “Hi” che sa tanto di hamburger e pizza ed è un sano contatto di scoperta. Passiamo vicino a gente che pacifica come un delta di fiume si dedica a quelle occupazioni giornaliere quasi fini al giorno stesso e l’essenziale esulta e si esterna in tutta la sua essenza. E’ un labirinto di canali, palme e stradicciole dove passano a malapena due bici, ma sulle quali pare che loro riescano a farci passare qualunque cosa. Incrociamo un corteo di gente a piedi e in motorino dove quasi tutti sono vestiti di bianco e dopo un primo sguardo a questo multiforme serpente composto da tessuti leggeri dal chiaro colore ci rendiamo conto che probabilmente si tratta di un saluto a qualcuno che è dipartito. Le palafitte e le barche rotonde per guidare le quali occorre sbilanciarsi in avanti (ma qual è l'avanti?) la fanno da padroni in un ambiente senza padroni come anche la bandiera rossa con la stella gialla che campeggia fuori da quasi ogni casa. C'è una spontaneità tale nel vissuto che per noi risulta difficile e quasi strafottente pensare che si possa vivere senza pagare pedaggi all'immagine e all'opportunità. Flora adora quella specie di ambiente all'entrata delle case che pare la mescola tra un porticato e una tettoia e ci soffermiamo parecchie volte a osservare questi particolari talvolta decorati da maioliche e piastrelle sempre lucide. Ci fermiamo, un po' persi a dire la verità, perché tra viottoli, canali, indicazioni verso punti cardinali vaghi e abbozzati sentiamo la necessità di chiedere dove siamo. Un pronta fanciulla in motorino ci vede in difficoltà e ci affianca. "Hoi An" diciamo noi e quella ci indica il sentiero da cui siamo arrivati. Probabilmente ci vuol far fare di nuovo il giro intero … Ci siamo persi qualcosa? Preferiamo, dopo aver ringraziato, andare un po' a naso e un po' a cavolo e riusciamo a trovare la strada che ci riporta alla cittadina. Tornati a Hoi An visitiamo uno dei templi che spesso si confondono con gli spazi dedicati alle assemblee popolari. Sono a dir poco il contrario di tutto quello che corrisponde al concetto di minimale. Forme, colori, quadri in rilievo con santoni in jeans a zampa d'elefante, ceramiche, animali a grandezza naturale, gabbie con uccelli, scritte e colonne scolpite con i colori delle caramelle più strane creano tuttavia un ambiente che incute reverenza e respiro. Sono adorabili gli spazi dove in perfetto ordine gli ideogrammi raccontano di luoghi e di gente. Altra tappa della giornata è il giro per le case più vecchie della città. Quello di cui ci rendiamo conto è che non pare abbiano una vera e propria struttura identificabile in una forma definita, ma sembrano pareti orizzontali e verticali, spazi, colonne e vuoti che si intersecano a creare quello che sono … un ambiente intorno alle persone. Ci sono mobili lavorati e intarsiati, camere con letti essenziali, angoli di piante che scendono o salgono e sempre un ampio spazio riservato al senso della famiglia con tutto quello che può riguardare il capostipite e altri personaggi del clan. Si respira tradizione si, ma quella che perdura, non un “era”, ma un “ancora”.

28 febbraio 2013
Mi son a viaggio verso Hue

Quattro e mezza. Notte. Ci svegliamo presto perché ci portano in un sito archeologico. Sono solo una ventina di chilometri, ma pare ci vadano due ore circa. Cinque. Usciamo fuori nella strada. Le cinque del mattino in Vietnam è un’ora calda, afosa, umida, buia, ma pulita. Giusto il ronzare di qualche motorino che più che sembrare mattiniero pare che per inerzia non si sia ancora fermato dal giorno prima. Danno l'idea dei topi ballerini che per rimanere in equilibrio vorticano su se stessi … se volessero davvero solo ballare per tutta la loro esistenza? Un rumore di ferraglia anticipa l'arrivo di un furgone con la porta laterale aperta.

"My Son?" ci chiedono.

"Yes".

Ci fanno segno di salire e anche di fretta. Sembriamo mercanti dei bassifondi delle città del sud. Cominciamo a gironzolare per tutto il paese a raccogliere altri mattinieri … due ragazze sole, due romani piacioni che rompono le palle solo all'idea, forse uno spagnolo e un inglese.

"Breakfast!" ci dicono. Più che comunicare, ordinano. Però è divertente ... corriamo sullo sgangherato furgone a porte aperte in un paese che solo apparentemente è sonnolento. Arriviamo nella zona del mercato e fa strano vederlo vuoto e lindo.

"Miii ... speriamo in cappuccino e brioche" dico io. Flora non è convinta e la cosa riscontra sempre una verità. Un bugigattolo aperto sulla strada ci aspetta. Per colazione un tè caldo ferroso e un panino a testa con dentro pesce, condimento piccante e salse che avrebbero annientato il gusto della più forte delle salsicce nostrane. E non arriviamo a metà panino che la piccola guida ci intima di correre e allora con il favore delle tenebre un nutrito gruppetto di persone mal assortite prendono a correre per le stradine di Hoi An mangiucchiando e bevendo per raggiungere il furgone che ansimante ci aspetta. Ci dicono qualcosa del tipo "Si può mangiare anche sopra!"

"Adesso vomito" mi dice Flora, ma è in buona compagnia. Non fosse per l'ora la colazione doveva anche essere buona, ma magari a pranzo e con della birra!

Dopo due ore di campagne vietnamiti, offuscate da una nebbia tipica dietro alle quali le colline si profilano come squali dalle pinne consunte, arriviamo all'ingresso del sito archeologico.

Facciamo un piccolo pezzo a piedi e giungiamo al sito. Dirò. E' qualcosa che non ti aspetti. Si tratta di un'architettura distante da quella tradizionale vietnamita, è un complesso risalente alla dinastia Cham, il loro medioevo, e queste forme che stanno tra la corporatura di un cinghiale, l'eleganza di un tempio e il fascino di una sibilla vecchia e solitaria si integrano così bene nella natura circostante tanto da dare l'idea di una convivenza. Che ci sia una colonna romana tra le rovine è strano, vien da pensare a epoche in cui i viaggi per conoscere erano già diffusi talmente tanto da condizionare persino le arti. Ci sono simbologie ben precise, raffigurazioni e statue, riferimenti alla fertilità che non guastano mai e altari. Non è grande come sito, abbastanza contenuto, perché la sua dimensione è anche il risultato dei bombardamenti della guerra. La vegetazione tropicale intorno incute un senso di protezione per le strutture e un senso di avvertimento verso i visitatori. Ma non si percepisce astio da parte della giungla, ma qualcosa del tipo "cerchiamo di andare d'accordo".

Le costruzioni sono fatte di mattoni rossicci e pietre chiare, le colonne sono la loro parte femminile e rispecchiano il ruolo con le forme tondeggianti, anche se non da novanta sessanta novanta. La vegetazione ha preso un po' di potere sui templi, ma non da risultare invadente riuscendo a dare quel tocco da balcone fiorito. Di tanto in tanto lastre scolpite a caratteri antichi risaltano e incuriosiscono. Impressione fanno però i buchi lasciati dalle bombe. Tutte le strutture insieme danno l'idea di un'insalata con dentro dei bocconcini di carne speziata e rosolata e la luce soffusa, che diventa trama con la foschia e che radente permea il tutto, non fa che accentuare un senso di appartenenza a qualsiasi storia esista. Pensando a dove ci si trova lo stile ne è quasi estraneo, non ha riferimenti alle linee consuete a cui si associa questo paese e in fondo questa riflessione, come l'amante giustificato, piace.

Tornando indietro ci facciamo portare per l'ultimo tratto fino a Hoi An da una barchetta che scorre lungo il fiume che arriva fino alla baia. Fiume vibrante di vita da pesca, dove piccole barchette segnalate dai cappelli a cono fluttuano su un'esistenza faticosa, ma forse proprio per quello esistenza.

Nel primo pomeriggio partiamo con il pullman per Hué. Quattro ore di viaggio per circa centotrenta chilometri ed è tutto detto. Sulla strada … stradina … si incontra dalla bicicletta al camion, dalle auto ai furgoni, dalle vacche ai pullman … però è il modo migliore per godersi il paese … risaie, colline montagne che spuntano dal nulla, terreni agricoli a perdita e un vivere pregno lungo l'unica arteria del paese fatto di un concatenarsi di case, baracche, dormitori all'aperto, dove decine di amache sono posizionate per le sieste, e locali più o meno grandi e aperti dove si mangia, dove tutti loro mangiano in questo nutrirsi collettivo insieme a chi viaggia.

28 febbraio 2013
Arrivo a Hue

E’ la capitale del vecchio impero, una periferia enorme, un sobborgo continuo, caotico, i sensi sono tutti intensamente sfruttati. Sembra di non arrivare mai. Poi si entra nella città, sembra un organismo formicolante, la senti intorno, sulla pelle …

Scendiamo dal pullman … chiediamo ad un taxi di portarci all’indirizzo del nostro alberghetto.

“E’ lì” liberamente tradotto dal vietnamita.

“???”

“Quella via” ci dice con gentilezza.

"Dai, Flora, in una città così grossa siamo finiti con il pullman davanti alla via dell'albergo?"

"E' lì" continua a dire il taxista. Sono talmente contento di non dover trottare ancora che pagherei il conducente anche se non siamo nemmeno saliti in macchina.

Entriamo in un vicolo stretto e incasinato, case aperte, officine, garage con angoli cottura tutto insieme … la nuova frontiera del "tutte le comodità nello stesso spazio". Due gentili fanciulle ci accolgono con acqua fresca, mappe, divanetti e sorrisi a profusione. Ci cambiamo e predisponiamo la nostra camera a dovere … ovvero l'unica cosa che esce dallo zaino è per metterselo addosso …

siamo quasi sempre pronti alla partenza. Sindrome da agenti speciali?

Comunque usciamo. Abbiamo un pezzo di sera e la cena davanti. Decidiamo di passeggiare fino al fiume dei profumi. Strada facendo rimaniamo piacevolmente assorbiti dalle varie attività lungo la strada e nel frattempo scegliamo anche il posto dove mangiare. Arriviamo sulla sponda e la costeggiamo. E' un banchetto formato città, è un pullulare di minuscole postazioni da cibo! Sui marciapiedi belli ampi le persone cucinano e vendono anche, ma soprattutto consumano all'aperto i pasti. Stanno seduti intorno a piccoli gas o bracieri o griglie e creano piccoli incanti di cucina, semplici, ma allettanti. La cappa di umidità contribuisce a rendere il luogo tropicale un po' più interiore e a suo modo suggestivo, sembra amplificare i sentimenti, le percezioni delle gente.

Scegliamo per cenare una piccola trattoria, come diremmo noi, aperta su una strada secondaria, carina nel suo personale che con una certa famigliarità cerca di accoglierti con referenza, ma senza ostentazione. E qui facciamo una scoperta culinaria favolosa. Il morning glory! E' una verdura semi acquatica a foglia verde che viene cotta e condita con aglio … tanto, e ha un gusto che ti fa già venire la nostalgia mentre ancora stai mangiando. Il seme è un LSA, un allucinogeno, quindi cosa cattiva, ma la pianta è davvero una scoperta del gusto. Davanti al piccolo ristorante, dall’altra parte della strada due stanze aperte a livello strada che danno sul marciapiede esibiscono un piccolo menage famigliare. Una donna cucina sulla strada dentro ad un grosso pentolone e davanti a lei, su di un basso tavolo, raccoglie in svariati recipienti tutto quello che ha preparato, mentre un uomo, nella totale indifferenza della donna armeggia e gesticola nell’atto di cercare e sistemare cosa non ci è dato capire. Sul marciapiede alcuni tavolini e piccole sedie servono per i passanti che si fermano a mangiare. Ci vien da pensare all’estasi dell’essenziale dove l’unico fronzolo ammesso è il presunto nome del punto di ristoro appiccicato alla porta.

28 febbraio e 1 marzo 2013
Hue e viaggio verso Saigon

Il sugo di umanità si desta presto e sembra di camminare in un grande locale comune di una casa dove abitano migliaia di persone e se ci pensi effettivamente una città è proprio quello.

Ci facciamo portare all'ingresso della cittadella, dentro alla quale c'è la città proibita che a sua volta contiene la città purpurea proibita … insomma il gioco delle scatole cinesi in versione monumentale. Ed effettivamente per arrivare al primo ingresso ci facciamo una bella scarpinata. Un grosso padiglione seduto su un basamento imponente fa da porta principale e da su una piazza enorme dall'altra cui parte si staglia una massa a tre piani con la bandiera nazionale. E' la monumentalità severa del comunismo, grandi spazi e grandi blocchi, ma che un po' stona con quell'anima che ci sembra di percepire del Vietnam, più frugale, più affine alla sua terra che a ideologie importate di confine in confine e non endemiche. Ma già entrando l'aria cambia, ci troviamo in un contesto dai vapori soffusi, sembra di aver varcato una soglia del tempo, vuoi per la purezza di quello che è rimasto, vuoi per la evitata empietà del trasformare un luogo storico per l'anima della nazione in una bancarella chic e stucchevole. Le strutture che circondano i cortili hanno dei tetti che sembrano tutte monete in coda e serie di porte in legno che si susseguono su quasi tutto il perimetro. Sono un contrasto tra un senso di leggerezza strutturale e un senso di gravezza dato da dei tetti imperanti quasi a simulare un'auto repressione dello spirito sociale al solo fine di mantenere l'equilibrio della massa. Ci sono cortili che si intervallano a spazi e giardini in maniera ordinata e semplice, lentamente godibili da lunghe passeggiate sotto porticati di legno dal gusto di tè. Lacche rosse, decorazioni d'oro, mosaici e pitture turchesi, decorazioni gialle, scale classicheggianti e silenziose quanto rispettose sculture riproducenti animali mitici o giù di lì si danno il cambio lungo alcuni canali dal sapore che risulta mistico vuoi per il vuoto mentale che produce vuoi per quella lieve nebbiolina che sembra salire dall'alito della terra. All'interno della città proibita è presente un teatro, un vademecum della decorazione e di un fasto passato all'interno di una struttura persino rigida e seriosa ... un po' un'altalena tra il posso e il devo.

Tra gli oggetti che troppe volte sono messi dove non devono è esposto un tamburo enorme, sembra un sushi in vacanza, un po' goffo, ma curioso. Rimane in una posizione un pò defilata, non da protagonista.

Cominciamo, una volta arrivati quasi al centro della struttura, a cercare la città purpurea proibita. Fa sempre un certo effetto pensare a luoghi che sanno di proibito e anche a luoghi che sanno di purpureo. Se poi le due cose si associano è un po' come parlare di cantine firmate insindacabili … insomma l'importante è che si tema.

"Guarda bene … noi siamo qua … qui … ecco, dietro al teatro, … non quello … non è … ecco, là …. ma non c'è nulla" dico io armeggiando con la Lonely Planet.

"Lascia guardare a me!" dice Flora che vuole esibire il suo senso dell'orientamento. Scruta la cartina, passa il dito sulla guida, la scorre, poi alza lo sguardo, lo volge verso la sua destra, poi le sopraciglia si arcuano, il ritorno sulla guida … le labbra semi aperte, la concentrazione diventa tangibile, la puoi toccare e spostarla come una credenza che non sai dove mettere. Poi mi osserva.

"Ma dov'è?"

Eh, già … perché la città purpurea proibita è rasa al suolo, sopravvive oltre che nel ricordo storico anche nella sua piantina di pietra, in alcune tracce su di un prato rialzato appena presentato da corte scale. La guerra ha spazzato via tutto fuorché la dignità di dire “ecco, questa è la città purpurea proibita”.

E poi continuiamo a varcare portali che si susseguono uno dopo l’altro, ora a destra ora a manca e ora dritto in un intervallarsi di specchi d’acqua, propaggini di fiume addomesticate e cortili dal sapore tenue. Tutto intorno e negli interni legni verniciati e come patina sulle ceramiche una foschia e un rustico senso intimo di popolo.

Usciamo dalla cittadella e percorriamo un bel pezzo di strada a piedi lungo il Fiume dei Profumi. Un vasto e lungo giardino lo costeggia. La gente ci cammina, forse ci cucina anche e sicuramente gli amanti saltellano.

"Andiamo più vicino al fiume!" mi dice Flora e sgambetta tra l'erba in direzione del fluido fluire.

"Uhm …" mio.

Come Flora fa tre metri in mezzo all'erba, un qualcosa dalla forma vagamente allungata, dal colore arancione a dall'incedere sinuoso ci viene incontro.

"Merda … un serpente!" penso io accorgendomi che Flora non se ne è accorta e continua ad andare avanti attratta dal profumo del fiume.

Mi avvicino a lei con cautela … mano sulla spalla … "psss, Flora … ferma … tranquilla e ferma …"

Ma figuriamoci se non ha capito subito. Il tempo di capire dov'era il pericolo e … "Uaaaaaaaaaahhh!" e come un cavalletta tra le fauci di un nibbio si mette a urlare e saltare in maniera incontrollata! Nel timore che il lungo rettile si possa offendere da cotanto ardore di disgusto, cerco di tenerla ferma … "Stai tranquilla! Non succede nulla", ma lei, come se avessi tirato la molla si è messa a urlare "lasciami!!!!!!" ed è saltata da ogni lato ed è corsa via.

"Scusa, è suscettibile …" dico rivolgendomi al serpente.

"Tranquillo, che vuoi che sia. Qui me magnano … figurati se mi rompe che scappino …" risponde il rettile. E se ne va.

La filosofia spicciola è sempre latente nel pianeta.

Dopo essere stati inseguiti per un chilometro da un tipo che voleva portarci sulla sua bicicletta salotto (tra l'altro per un prezzo che era sceso al di sotto della dignità) prendiamo un taxi ben consapevoli della scorrettezza, ma ben consci del tempo che ci manca.

Ci facciamo portare alla Pagoda de Dieu, un antico sito mistico protagonista anche di rivolte intellettuali e ultimo baluardo del pensiero in battaglie per la libertà. E' un piccolo gioiello senza clamore dove è ancora possibile assistere "live" ai riti dei buddisti. Ci sono ragazzi giovani e adulti intenti in un incrocio di passi e gesti lenti, ma sentiti e da cui non puoi non farti assorbire. Giardino, fiori, statue … ma il magnetismo è dato da ciò che traspira dall'interno, quasi un porticato di campagna arredato da simboli religiosi, da alcuni tappeti, colonne, da dei mobili semplici e verosimilmente dalle orazioni che diventano aria e levitano nell'ambiente. Alcuni bambini giocano all'interno della Pagoda, entrano e escono con tranquillità anche durante la funzione e quello che ci ispira è che il loro via vai e il vociare squillante non sembra infastidire i monaci e il senso mistico del luogo, ma sembra integrarlo o forse ancora meglio santificarlo e dargli un senso ancora più consistente. E una musica solletica le corde giuste dell'animo.

C'è ancora semplicità nella forma, nell'estetica della filosofia, parca cornice di una dimensione che non ha altre necessità se non quella di definire il varco verso il mistico.

Verso il primo pomeriggio ci rechiamo all'agenzia da cui parte il pullman verso Saigon. Le distanze e le infrastrutture sono così rispettivamente grandi e primordiali che ti chiedi grazie a cosa arriverai a Saigon. Siamo in tre o quattro persone quando arriva un tizio, una specie di guappo locale, che ci dice di seguirlo.

"Come lavoratori clandestini" ci viene da pensare.

E invece arriviamo in prossimità di un pullman dalla stanca presenza, ma di consolidata speranza. Prima di farci salire, presentazione del biglietto e zaini nella pancia del mezzo e assistiamo a come uno scooter può tranquillamente essere coricato sotto il pullman come una qualsiasi valigia. E poi ancora, borse raffazzonate, scatole e nylon legati da spaghi a contenere chissà cosa per chissà chi.

Partiamo, raccogliamo qua e là viaggiatori, viandanti, vietnamiti e stranieri, torniamo qualche volta sui nostri passi ed entriamo in una piazza.

“Tutti giù!” ci intimano a gesti e urla.

“Già? Che dire le distanze a volte …”, ma non siamo già a Saigon bensì prendiamo un altro pullman. Forse questo era troppo piccolo, forse abbiamo raccolto per strada più gente del previsto.

Altra ora a scaricare e caricare il tutto e poi, accucciati su sedili a castello, partiamo. Il pullman ha delle specie di poltrone una sopra l'altra e la poltrona rappresenta la prima classe, di cui noi godiamo, mentre la seconda classe è rappresentata dai sedili se ancora liberi, altrimenti dai due corridoi in mezzo alle tre fila di castelli, lungo i quali la gente si accampa in ogni posizione possibile. Basta un'ora per accorgerci che il viaggio sarà lungo. I sedili si reclinano, ma la posizione che puoi reggere a lungo non è mai la stessa.

C'è da dire però che si respira l'umanità delle strade di questo paese. Quella che percorriamo è l'unica via di comunicazione che percorre il paese da nord a sud e ci passa davvero di tutto, dalla bici all'automobile, dalle miriadi di motorini alle mucche, dai carri ai camion e ai bufali e il lato della strada è un proliferare di vita a fungo che nasce dalla sostanza stessa da cui è percorsa ed escono bar o locali con tettoie e amache per dormire e prendere qualche istante di ombra, baracche da cui fuoriescono cibi cotti e crudi, mastelli e bacinelle, griglie che emanano i fumi di un'esistenza oserei dire ai bordi. La strada è un fermento di vapori, polvere, animali, curve tortuose e rettilinei senza orizzonte e si attraversano risaie e campi dal leggero e soffice ondeggiare brillante di verde, ma anche temprato, sferzato da un lavoro umano senza sosta.

Nel frattempo la vita da pullman prosegue con la gente che osserva, dorme, si accanisce sui cellulari, una ragazza scrive teneramente il diario di viaggio, due ragazzi russi, pare con profonda riflessione, indugiano sul limitare della scoperta facendo probabilmente i conti con quanti soldi hanno a differenziarli dai barboni. Sono giovani e spavaldi! Ehi, anche noi! E anche quella mamma che accompagna due figlie e che sembra una zia e ti viene da pensare ad una dislocazione come quando trovi un oggetto che non dovrebbe essere dov'è. Questo vuol dire coraggio e il vero coraggio spesso da la mano all'inconsapevolezza come quello di questa donna che per accompagnare le giovani figlie in un viaggio che formi, accetta di deformare le sue abitudine e si siede, con la placida grazia di coloro che accettano l'esistenza di metro in metro, sul suo sedile per terra. Però c'è anche la tv, piccoli schermi sui quali vengono proiettati film e telefilm orientali che hanno il gusto fresco di riprese fatte in casa. E il budget disponibile non deve essere alto in quanto il doppiaggio è eseguito per tutti gli attori o le attrici da un'unica donna.

Dopo non molto facciamo una sosta. Una grande tettoia con sotto tavolacci e sedie, una cucina oltre il muro e la bozza di un refrigerio che consideriamo tale giusto perché siamo all'ombra. Se questi micro cosmi fossero la prima tappa ti verrebbe da pensare che da te, in Italia o in Europa, non è così, "forse al sud" ti viene da dire, ma nemmeno, e che sicuramente devono ristrutturare o buttare giù. Ma dopo qualche giorno cominci ad apprezzare lo scarno senso dell'utile. Insomma, se devi mangiare e riposare un attimo perché non in un anfratto del paese simile a tutto il paese, fianco a fianco con i tuoi simili? Insomma, alla fine paghiamo le stesse tasse, perché non mangiare allo stesso desco di chi ne usufruisce come te? Vero è che i bagni pubblici sono un ambiente un tantino tosto. Per le donne, dice Flora, non tiri l'acqua, ma hai un comodo barile di acqua e un mestolo. Per gli uomini è tutto più semplice … le latrine per urinare sono una sorta di grondaia ad altezza genitali che trabocca in continuazione e per questo un piede appoggiato al muro ti può aiutare a non finire nel lento fluire dei miasmi. Ma non è un problema. E' un popolo che per avere una crescita del pil come quello che ha bada alla sostanza e un pisciatoio così forse ci sta anche. Comunque alla sosta successiva il sottoscritto opta insieme ai due russi e ad altri viaggiatori di fare pipì in un lago dietro alle suddette tettoie. Poco ortodosso, ma che diamine, condividere con chi non conosci una funzione biologia ha qualcosa di catartico. Ci sediamo su una piccola panchina e osserviamo un tizio che vende dei frutti dalla cesta del motorino. E' molto distratto, si guarda in giro e smercia in una discreta assenza di coinvolgimento. Il vapore del caldo ammanta tutto come ti trovassi in un polverone dai granelli incandescenti. L'umidità è alta, la maglietta addosso aderisce alla pelle come un bambino spaventato in braccio in un luogo sconosciuto.

E ripartiamo. Si legge, si chiacchiera e si guarda l'orologio. Man mano che andiamo avanti ci accorgiamo che è piuttosto dura. Essendo una strada … normale … ci si blocca spesso, si fanno un sacco di deviazioni, si attraversano agglomerati di poche case, piccole cittadine e campagne aperte. Sul pullman c'è un po' d'aria condizionata, ma trovandosi il bocchettone a pochi centimetri dalla faccia è consigliabile chiuderlo e così ci caliamo nell'umidore barcollante di un carro di umani. Arriva la sera e poi la notte e i finestroni si popolano di luci e anfratti luminosi che si accendono improvvisamente durante il percorso e andando piano riesci a leggere gli sguardi di gente notturna, il pavimento, le strutture di ristoro, piccole bancarelle sperdute come lucciole lungo un sentiero dinoccolato. Verso mezzanotte ci fermiamo di nuovo e condividiamo con la signora e le due figlie l'uso di un po' di sapone e compriamo due cosette da rosicchiare. La scelta è tra gallette e succo di scorpione per la virilità. Per adesso nei paesi bassi funziona ancora tutto e opto per le gallette. Ti senti perso in un punto in mezzo a non sai cosa e percepisci un po' di più la tua rotondità di individuo.

Poi si riparte. Il mattino dopo percorriamo strade un goccio più in buono stato a fianco al mare. Il tempo è un po' scuro, ma almeno non impazziamo dal caldo. Aspetta … il tempo è migliorato! Impazziamo dal caldo. Saigon si avvicina e lancia indizi strada facendo … indicazioni, cartelloni. Ancora qualche ora e riprenderemo la forma di umani anziché quella di sedili reclinati. I volti dei passeggeri raccolgono quel tanto di disillusione per la stanchezza di tragitti simili e tutti stiamo acquistando un qualcosa in più da queste ore sulla strada a bordo di un piccolo carrozzone zeppo di vita itinerante.

E arriviamo a Saigon. Stranamente riattivati dal plasma vitale della città. Decidiamo con i due ragazzi russi di condividere un taxi fino a Pham Ngu Lao, dove abbiamo prenotato un alberghetto. Ci salutiamo con pacche e strette di mano, un “ehi” e un indice puntato come dire “in ballo, fratello” … poi di corsa in camera a farci la tanto agognata doccia!

1 marzo 2013
Saigon

Si respira l’aria del così perché deve essere così e deve essere così perché lo vogliamo così e forse non è nemmeno vero, ma tanto basta per calare i piedi in questa bagna umana e sentire che potenzialmente non ci sono muri con nessuno, perché siamo polli di un allevamento senza reti. E ci chiediamo perché non godersi, con tutti i suoi difetti, la possibilità di essere a stretto contatto con le interiora di un luogo che ti fagocita?

Saigon è una città rivoltata. E' estrusa all'esterno. Beninteso ci sono case, negozi, auto, wi-fi (più che da noi), bancarelle, negozi di lusso e strade (semafori compresi), ma la vita non è trattenuta dietro le mura di casa e riservata come se fosse il servizio buono da non usare mai, ma è buttata in strada perché è lì che deve crescere. Croste alle ginocchia comprese. Giriamo per la zona centrale, crogiuolo di gente che viaggia, ragazze da appuntamento e locali da birra. E' un frastuono dei sensi apparentemente omologato al mondo da cose tipo l'attaccapanni dei negozi da vestire, il tavolino con il menù e la prosopopea di chi ha il motorino più grosso degli altri. E' un ballo con la musica costante, ma non fatta di note, ma di esistenze, di coperchi, di cibo, di piedi nudi, di gente elegante, di divise da lavoro o sguardi impegnati, di fili della luce e delle reti, di cibo smembrato nell'aria.

Girovaghiamo per un mezzo pomeriggio e ci mettiamo a mangiare in una sorta di semplice bistrot che ha un piccolo terrazzino al primo piano. Spartano è dir poco, ma fanno il morning glory e io voglio il morning glory. Flora è bollita. Ventisette ore di pullman l'hanno stremata. Beve giusto dei liquidi e assaggia il mio piatto. Il mio morning glory. Le case di Saigon, come quasi tutte quelle del Vietnam, sembrano lunghi parallelepipedi con la facciata stretta, giusto la larghezza di una finestra, incastrati una in mezzo alle altre. Alcune, tante, sono vecchie, del periodo coloniale e hanno strutture e caratteristiche talmente differenti che sono un caleidoscopio di rifiniture più o meno rifinite, di balconi, di infissi ora semplici ora eleganti. Sembra una donna cinica e affettuosa allo stesso tempo che ne ha viste tante.

Facciamo una passeggiata e andiamo a dormire.

2 marzo 2013
Mekong

Il pullmino ci viene a prendere all'albergo. Per andare nel Mekong ci sono un sacco di scelte, ma per farlo in un giorno occorre affidarsi a chi ti porta. Non è propriamente l'avventura, ma per fare novanta chilometri circa ci vanno tre ore di strada.

Però siamo presi. Presi dall'ansia di entrare nel mondo del delta dei sette fiumi, un ecosistema impressionante di vita di gente e di pesci, di piante e di aria.

Arriviamo a Cat Bei dove prendiamo una barca e cominciamo a scivolare sull'acqua. I paesi nati in questo mondo tra terra e acqua sono una raffazzonatura impressionante, ma non ti sembrano lasciati andare, quanto piuttosto essenziali all'esistenza. Fa bene comprendere quanta sovrastruttura esista in occidente e quanto dovremmo scambiarci gli stili e non permettere che loro acquisiscano totalmente il nostro modo di essere società che ha un difetto … a lungo andare da problemi.

Essere in un ramo del Mekong fa il suo effetto. Accostiamo un floating market, il mercato galleggiante, un po' spoglio perché il clou è al mattino presto e poi perché tranne uno o due molto più lontani, tendono a sparire. Il commercio si sposta per le stradine e probabilmente il fatto che la gente voglia curiosare questo tipo di scambio fa si che resistano ancora. Ma ha il suo fascino. Ogni contadino o commerciante espone in alto sulla tettoia della barca un esempio dei prodotti che vendono, frutta verdura, tuberi … in maniera tale da attirare l'attenzione. Ci sono barche piccole e grandi, quasi degli ingrossi naviganti, ma sono quelle più contenute che paiono vere e proprie case galleggianti. Si portano dietro un pezzo di terraferma. Dalle case prospicienti il fiume si generano piccoli mondi di vasi, di lavori, piccoli metri quadrati di spazi casalinghi in un mondo enorme, esteso e di respiro aperto.

Attraversiamo uno dei bracci più grossi, circa quattro chilometri di larghezza. La vegetazione fluviale è dispersa in mezzo al fiume, trasportata con calma serafica dalla corrente mentre si spostano barche di pescatori e chiatte. Verso i margini questo rigoglio si ammassa e da luogo e giardini fluttuanti di un verde brillante dalle forme morbidi e dominanti. Quando si costeggiano i villaggi di case costruite con un amalgama casuale di materiali ne vedi sprizzare il giorno fuori. Bambini, pentole, vestiti stesi … profumo di cottura. E’ un intercalare soffuso di materia prima. Scendiamo a terra, prendiamo delle biciclette e percorriamo dei tratti adiacenti ai canali naturali. La vegetazione è bassa ed è una ramificazione tropicale di acqua e piante, intrichi di rami e foglie.

Arriviamo in un piccolo villaggio di pescatori dove producono granaglie tostate e riso fermentato. Noi siamo abituati all’idea di fabbrica di cibo come ad un laboratorio asettico di acciaio, materiali plastici, norme accurate di prevenzione, lindore … mentre qui siamo sotto ad una tettoia, con dei paioli di legno e dei pentoloni neri di acciaio e qualche contenitore di alluminio. E il pavimento è appena un battuto che da l'idea di pavimento.

Proseguiamo e arriviamo in un piccolo posto in mezzo al nulla dove mangiamo qualcosa e assaggiamo la polpa consistente e dolce di un frutto enorme. Beh qui è un po' il regno della frutta esotica e ce ne sono davvero di particolari. Scorze legnose, aculei morbidi, bucce spesse con mandorle soffici e gelatinose dentro.

Saliamo poi sulle delle piccole barche spinte da prodi signorine che con una pagaia lunga, una sorta di pertica, spingono per scivolare lungo l'acqua passando per i rami più piccoli dei fiumi in mezzo alla boscaglia senza orizzonte abbracciati dall'acqua limacciosa e dorata.

Scendiamo poi in un altro villaggio e ci fermiamo al loro mercato. Vasche riempite di ogni tipo di pesce, mastelli enormi, lumache, casse di serpenti d'acqua vivi a mollo, tipi di riso diversi per forme, colore e un crogiuolo di persone che comprano e vendono la vita del fiume.

Poi si ritorna a Saigon. Altre tre ore di strada assolata e incasinata come l'affastellamento di tutti quei punti che hai passato nella giornata.

La sera ce ne usciamo, tè in una tisaneria – libreria - agenzia di viaggi perché come dove si mangia in due si mangia in tre perché non fare tre attività nello stesso posto? A Flora piacciono un sacco i pali delle reti e della luce. Qui non c'è probabilmente possibilità di aprire sempre le strade o i marciapiedi per interrare i cavi (togliere cento motorino al minuto dal traffico di una via non è possibile) e pertanto questi corrono a pochi metri d'altezza ammassati e raccolti in un intreccio apparentemente messo su a casaccio.

E tutto è fuori. Percorriamo una via secondaria dove si affacciano case al primo piano. Stanze aperte dove la gente vive, mangia, dorme, le galline razzolano, si lava e si fanno lavori di casa. Praticamente tutte hanno altarini o spazi su mensole e muri dedicati al culto e lo stile di ogni nucleo è un inno alla spontaneità.

3 marzo 2013
Saigon

Mattino. Ci facciamo portare alla Pagoda dell'imperatore di Giada. E' la più antica pagoda Buddista di Saigon ed è una celebrazione emotiva. Sullo spiazzo prospiciente è presente una fontana zeppa di pesci e la struttura non si fa schiacciare dai grattaceli intorno. E' un groviglio di statue, scritte, bassorilievi in legno, candele, ceramiche, nicchie e incenso. Incenso proprio tanto … è un'atmosfera a parte. Vari personaggi della mitologia buddista si alternano. Ora sotto l'aspetto di mostruosità giganti e incattivite, ma un attimo ridimensionate dai luoghi in cui sono posizionate come possono essere le piccole pareti accanto alle quali un vecchio guardiano sonnolento rilassa mente e corpo in compagnia di alcune scatole e un ventilatore. Ora come figure regali, come l'imperatore e la sua corte, posizionate su altari zeppi e scuri, ma con macchie di luce formante. In stanze laterali ci sono sculture a rilievo che narrano di punizioni e saggi comportamenti. Tutta la pagoda è dominata dal rosa dei muri e dal legno scuro. E momento degno di nota la preparazione del tavolo a ora di pranzo, perché nella Pagoda dell'Imperatore di Giada si mangia anche.

Usciamo e ci facciamo portare verso il centro storico coloniale di Saigon, nella piazza esagonale dove si affacciano un albergo di lusso antico ed edifici magniloquenti e ricchi. E' la zona più ricca e piena di negozi alla moda. Poi decidiamo di rifare tutto il percorso a piedi per tornare verso la nostra zona. Ed è la cosa più affascinante perché gironzoli per marciapiedi e vie pregne di giornate vere. Entriamo nel grande mercato coperto. E' una proiezione commerciale della città sottoforma di qualsiasi prodotto, dal frutto al riso, dal balsamo alle ciabatte. E ti accorgi di quanto la massa di oggetti o cibo che si consumano abitualmente dia nettamente l'idea della magnificenza dell'essere un popolo.

E facciamo ancora un giro nel lungo parco della zona di Pham Ngu Lao, crocicchio naturale della città e melting pot di animi. Mangiamo qualche frutto curioso appena acquistato.

E ci accorgiamo, pensando a Saigon, che quello che sembrava intimorire era tale perché non sapevi ancora che te ne saresti invaghito.

Indice

www.ingramcontent.com/pod-product-compliance
Ingram Content Group UK Ltd.
Pitfield, Milton Keynes, MK11 3LW, UK
UKHW020222250726
13967UKWH00001B/136

9 781291 689853